ALMANAQUE dos astros

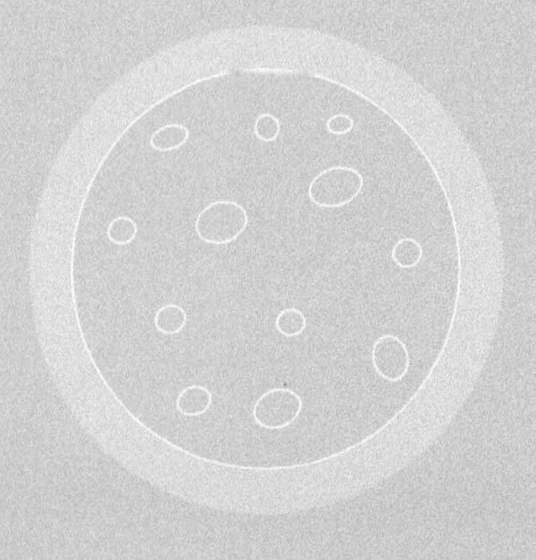

CB003277

© ROSANE PAMPLONA, 2016

COORDENAÇÃO EDITORIAL: Lisabeth Bansi
ASSISTÊNCIA EDITORIAL: Patrícia Capano Sanchez
PREPARAÇÃO DE TEXTO: José Carlos de Castro
COORDENAÇÃO DE EDIÇÃO DE ARTE: Camila Fiorenza
PROJETO GRÁFICO: Caio Cardoso
DIAGRAMAÇÃO: Michele Figueredo
ILUSTRAÇÕES DE MIOLO: Caio Cardoso, Tatiana Paiva
ILUSTRAÇÕES DE CAPA: Tatiana Paiva
COORDENAÇÃO DE ICONOGRAFIA: Luciano Baneza Gabarron
PESQUISA ICONOGRÁFICA: Cristina Mota, Vanessa Trindade
TRATAMENTO DE IMAGEM: Denise Feitoza Maciel
COORDENAÇÃO DE REVISÃO: Elaine C. del Nero
REVISÃO: Dirce Y. Yamamoto
COORDENAÇÃO DE *BUREAU*: Rubens M. Rodrigues
PRÉ-IMPRESSÃO: Alexandre Petreca
COORDENAÇÃO DE PRODUÇÃO INDUSTRIAL: Andrea Quintas dos Santos
IMPRESSÃO E ACABAMENTO: Forma Certa Gráfica Digital
LOTE: 775159
CÓDIGO: 12104849

Dados Internacionais de Catalogação na Publicação (CIP)
(Câmara Brasileira do Livro, SP, Brasil)

Pamplona, Rosane
Almanaque dos astros / Rosane Pamplona. –
1. ed. – São Paulo: Moderna, 2016.

ISBN: 978-85-16-10484-9

1. Almanaques 2. Literatura infantojuvenil
I. Título.

16-06569 CDD-030.83

Índice para catálogo sistemático:
1. Almanaques para crianças 030.83

REPRODUÇÃO PROIBIDA. ART. 184 DO CÓDIGO PENAL E LEI Nº 9.610 DE 19 DE FEVEREIRO DE 1998.

Todos os direitos reservados
EDITORA MODERNA LTDA.
Rua Padre Adelino, 758 – Belenzinho
São Paulo – SP – Brasil – CEP 03303-904
Vendas e atendimento: Tel. (11) 2790-1300
www.modernaliteratura.com.br
2023

Impresso no Brasil

Rosane Pamplona

Ilustrações de
Caio Cardoso e Tatiana Paiva

1ª edição
2016

SUMÁRIO

Para meu neto, mais uma estrelinha
que vem brilhar no nosso planeta.

Almanaque
blá
blá
blá
blá

ALMANAQUE,
UMA CAIXINHA DE SURPRESAS

REPRODUÇÃO

Almanaques são livros muito antigos. Os romanos já consultavam livrinhos do tipo almanaque para saber o movimento dos astros e assim tomar suas decisões.

Os almanaques mais antigos de que se tem conhecimento traziam muitas informações práticas ou religiosas. Em geral, neles estavam registrados o calendário do ano, com as fases da Lua, os eclipses, o movimento das marés, os dias sagrados, as previsões astrológicas. Não é à toa que os almanaques de origem portuguesa – que chegaram primeiro ao Brasil – se chamavam **lunários**.

REPRODUÇÃO

A palavra almanaque ainda tem sua origem discutida. Alguns estudiosos afirmam que *al-manakh*, em árabe, significaria "a conta", pois os textos ali presentes remetiam à contagem dos dias, das semanas etc.

Com o passar do tempo, os almanaques foram se diversificando: não traziam apenas previsões do tempo ou dos signos zodiacais, mas previsões sobre a política, o comércio, e inúmeras historietas e anedotas, que, aliás, também **se contam**.

REPRODUÇÃO

Assim, outra hipótese para a origem da palavra almanaque se justifica: a de que *al-manakh* significaria "o lugar onde os camelos se ajoelham". Mas o que os camelos têm a ver com um livro?

Acontece que os povos árabes viajavam em caravanas, montados nesses animais. De vez em quando paravam para descansar, principalmente se estavam num deserto e avistavam um oásis. Enquanto se refrescavam, os viajantes que ali se encontravam contavam suas novidades, trocavam informações, discutiam sobre o clima, enfim, naquele momento acontecia uma colcha de retalhos de conversas variadas. E isso é um almanaque, uma caixinha de surpresas: pode trazer poemas, anedotas, curiosidades, histórias, informações das mais diversas. Como se estivéssemos num oásis conversando com os amigos.

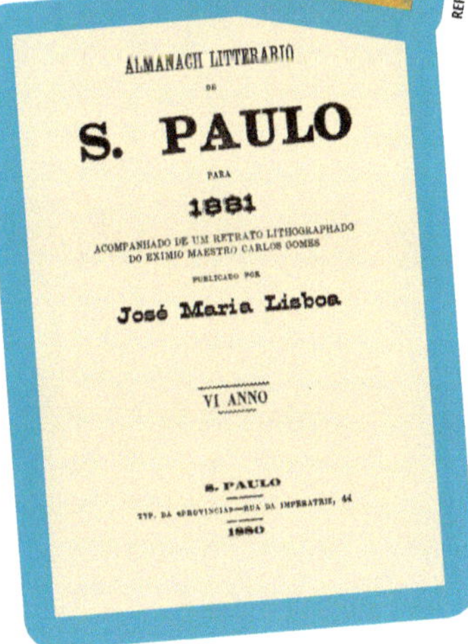

REPRODUÇÃO

PROCUREI A FELICIDADE
PELO UNIVERSO SEM FIM,
SEM SABER QUE ELA MORAVA
TÃO PERTO, DENTRO DE MIM.

CHOVE, CHUVA MIUDINHA,
NA COPA DO MEU CHAPÉU.
QUANDO ESTOU COM MEU BENZINHO
SEMPRE PENSO ESTAR NO CÉU.

O céu e o universo

Céu azul carregado?

Barco em vento afogado.

Céu pedrento?

Chuva e vento!

A VINGANÇA DO CÉU

LENDA AFRICANA DO ARQUIPÉLAGO DAS COMORES

No começo do mundo, Deus criou o Céu e a Terra, o Céu em cima, a Terra embaixo. De tanto um olhar para o outro, acabaram se apaixonando. Então, o Céu desceu para ficar junto à Terra, porém Deus não concordou: "Nada disso, cada um no seu lugar!". E os separou novamente.

Os dois apaixonados não se conformaram. Dessa vez, foi a Terra que subiu aos céus. Deus mais uma vez os separou e, para impedir que os dois enamorados se unissem, criou as montanhas, as árvores e os vulcões, que não deixavam o Céu encostar na Terra.

Sossegado, Deus criou os animais e os homens. E mostrou a eles que podiam cultivar a Terra e tirar dela seu alimento.

O Céu, vendo os homens fazendo buracos na terra, chorou de pena da sua querida. E de suas lágrimas nasceram os rios, as fontes e o mar.

Para poupar sua amada, ele quis sacrificar-se e pediu a Deus que ensinasse os homens a comer pedaços do Céu. Deus concordou. Os homens passaram a subir nas árvores e nas montanhas para alcançar o alimento celeste, que era delicioso e fácil de obter. Todavia, por não precisarem mais trabalhar a terra, tornaram-se preguiçosos e comilões.

Não era isso que Deus queria. Aborrecido, elevou o Céu para muito alto, onde os homens não o pudessem alcançar. Desse modo, os homens tiveram que voltar a plantar para comer.

O Céu nunca mais pôde encostar na Terra. Por isso ficou zangado e soprou com força. Para sua surpresa, seu sopro chegou até a sua amada. E assim se formaram os ventos, que ainda hoje acariciam nossa Terra.

O céu e o universo

Chamamos de céu o espaço que vemos acima da natureza que nos rodeia. O céu que vemos da Terra geralmente é azul, mas pode se tornar acinzentado, negro, ou mesmo, em certas tardes e madrugadas, quase rosa ou alaranjado. Se estivéssemos em outro planeta, também chamaríamos de céu o espaço acima de nós.

Já o universo é tudo o que existe, incluindo o céu. O céu, o Sol, a Lua, as estrelas, os planetas, as plantas, os animais, os rios. Até nós mesmos fazemos parte do universo.

Os cientistas ainda não chegaram a um cálculo preciso sobre o tamanho do universo. A maioria diz que o universo é infinito, não tem limites, e que continua a aumentar, ou seja, que está sempre em expansão.

Antigamente...

O universo também é chamado de cosmo. Cosmologia é a ciência que estuda a origem e a evolução do universo, seu passado e seu futuro. Os cosmologistas ocupam-se em estudar e pesquisar a linha do tempo do universo.

Segundo o físico americano Carl Sagan, o cosmo é "tudo o que já foi, tudo o que é e tudo o que será".

A astronomia é a ciência que estuda os corpos celestes e seus comportamentos. Os astrônomos estão interessados em pesquisar e prever os fenômenos que ocorrem no espaço: eclipses, chuva de meteoros, passagem de cometas, de asteroides etc.

A astronomia é uma ciência muito antiga. Já na pré-história os homens tentavam entender o céu e seus fenômenos e deixaram marcas que comprovam esse interesse, como o círculo de pedras de Stonehenge, na Inglaterra.

© SKYSCAN/SCIENCE PHOTO LIBRARY/LATINSTOCK

A DISPOSIÇÃO DAS PEDRAS SE RELACIONA COM O MOVIMENTO DOS ASTROS.

© PHILLIP MINNIS/SHUTTERSTOCK

As primeiras civilizações, como a dos babilônios, chineses, indianos, egípcios e maias, observavam o céu e já calculavam as distâncias entre os astros, isso há mais de 5 mil anos. Com esses cálculos, podiam medir a passagem do tempo, fazer calendários, saber a melhor época para o plantio e a colheita, e até fazer previsões para o futuro. Um pouco mais tarde, os gregos, aproveitando os estudos mais antigos, aprofundaram os conhecimentos de astronomia e fizeram valiosas descobertas sobre os fenômenos celestes.

Astros e galáxias

Astros são todos os corpos celestes que existem no espaço: estrelas, planetas, satélites, asteroides, meteoros.

Galáxias são gigantescos conjuntos formados por estrelas, nuvens de gás, planetas, cometas e outros diversos corpos celestes, todos unidos pela força da gravidade.

Nosso planeta Terra pertence à galáxia chamada Via Láctea. Uma parte dela pode ser vista em noites estreladas, como uma faixa esbranquiçada que corta o céu. A Via Láctea tem forma de espiral, mas existem galáxias de várias formas.

A força da gravidade é o que nos atrai para a Terra, impedindo que fiquemos flutuando no ar. Essa mesma força "segura" os corpos celestes no espaço, ajudando a dar forma ao universo.

ORIGEM DA VIA LÁCTEA

A palavra galáxia vem do grego *gala*, que significa "leite". E Via Láctea quer dizer "caminho do leite". Mas o que tem o leite a ver com isso? Uma história sobre os deuses, contada pelos gregos, pode explicar:

Zeus, o poderoso senhor do universo, era casado com a deusa Hera. Um dia ele se apaixonou por uma mulher mortal, a bela Alcmena. Com ela teve um filho chamado Héracles.

Querendo que seu filho fosse imortal, Zeus pediu a um outro deus, Hermes, que o fizesse se alimentar do leite de Hera. Era um leite divino que dava muita força a quem o bebesse.

Hermes, que sempre sabia dar um jeitinho em tudo, esperou Hera dormir e pôs a criança nos seus seios. Mas o bebê sugou o leite com tanta força que Hera acordou. Assustada, a deusa empurrou o recém-nascido e um jorro de seu leite esguichou para o espaço, formando a Via Láctea.

Héracles é o nome grego de Hércules, aquele famoso semideus de força descomunal.

Anos-luz

A distância entre os astros é tão grande que não seria nada prático medi-la em metros nem em quilômetros. Por isso, os astrônomos usam uma medida especial para seus cálculos: o ano-luz. Um ano-luz corresponde à distância que a luz percorre no vácuo (isto é, no espaço completamente vazio) durante um ano.

A velocidade da luz é cerca de 300 mil quilômetros por segundo. Portanto, um ano-luz equivale a cerca de 10 trilhões de quilômetros!

Você sabia?

Se não existisse o telescópio...

Órbita é a trajetória, o giro que um astro faz em torno de outro.

O telescópio (palavra que vem do grego *skopein* = ver; e tele = longe) é um instrumento que permite enxergar mais longe e observar astros muito distantes da Terra.

Foi a invenção do telescópio que permitiu o desenvolvimento da astronomia moderna. Povos antigos já usavam lentes de aumento, mas foi o sábio italiano Galileu Galilei, no século XVI, quem aperfeiçoou o telescópio, conseguindo aumentar 30 vezes o objeto observado.

De lá para cá os telescópios foram se aprimorando e tornaram-se comuns aqueles que podem ampliar as imagens mais de 500 vezes.

Hoje há telescópios muito avançados que até circulam no espaço. Isso mesmo! Em 1946, um astrônomo americano deu a ideia de lançar um telescópio no espaço, pois isso teria muitas vantagens, entre elas a de ver a Terra por inteiro, do "lado de fora".

Mas foi só depois de décadas de tentativas, em 1983, que o primeiro telescópio espacial foi lançado na órbita da Terra. Era o famoso Hubble, que tem por missão nos dar informações sobre os corpos celestes e os fenômenos que acontecem no espaço.

O HUBBLE CONSEGUE DAR UMA VOLTA INTEIRA NA TERRA EM POUCO MAIS DE 1,5 HORA; OU SEJA, EM 24 HORAS, DÁ 14 VOLTAS AO REDOR DO NOSSO PLANETA.

© NASA

Toucinho do céu

É um doce típico português, feito com gemas e amêndoas. É mesmo celestial!

Astronômico

Muito grande, enorme. Ex.: salário astronômico.

Estar no sétimo céu

Estar muito feliz.

Cair do céu

Chegar na hora certa, na hora oportuna. Ex.: Esta ideia caiu do céu!

Céu da boca

Também chamado de palato, é a parte de cima, o "teto" da nossa boca e da boca dos animais vertebrados.

Para rir

Vamos para o céu?

O padre explicava para uma turma de crianças como se comportar para ir ao céu. No fim da explicação, perguntou:

– Então, quem aqui quer ir para o céu?

Todos levantaram a mão, menos Chiquinho.

– Chiquinho, meu filho, você não quer ir para o céu?!

– Não, de jeito nenhum! – respondeu ele, aflito.

– Mas por quê?

– Porque minha mãe disse que se eu não fosse direto pra casa hoje, eu ia ficar de castigo!

AS ESTRELAS NO CÉU CORREM,
EU TAMBÉM QUERO CORRER.
ELAS CORREM ATRÁS DA LUA,
EU ATRÁS DO BEM-QUERER.

AS ESTRELAS NO CÉU CORREM,
EU TAMBÉM QUERO CORRER.
POR CAUSA DE UMA BRIGUINHA,
ACABOU-SE O BEM-QUERER.

As estrelas

O que é, o que é?

Sempre quietinhas,
sempre agitadas,
dormindo de dia,
de noite acordadas?

Resposta: As estrelas.

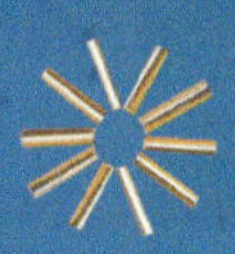

LENDA DAS ESTRELAS

Contam os índios bororó que no começo do mundo ainda não havia estrelas no céu.

Um dia, as mulheres da tribo foram buscar milho, mas não conseguiram achar muitas espigas. De volta à aldeia, ralaram o milho e prepararam com ele um único mas apetitoso bolo.

As crianças, sentindo aquele cheirinho tentador, vieram provar o quitute.

– Agora não! – disseram as mães. – O bolo não é muito grande e queremos esperar os homens chegarem da caça para repartirmos entre todos.

O menorzinho dos garotos, muito esperto, disse:

– Então por que vocês não vão lá perto do rio? Vi muitas espigas de milho lá!

Era mentira; ele queria era afastar as mulheres dali. E elas caíram na história: foram todas para a beira do rio, que não era tão perto assim, e deixaram um papagaio para vigiar o bolo.

Aproveitando a ausência das mães, os indiozinhos amarraram o bico do papagaio para ele não gritar. E cada um pegou um pouquinho de bolo para experimentar. Mas era um bolo tão irresistível, que eles foram comendo, comendo, e logo não sobrou nada do bolo. E as mulheres estavam voltando, bravas por terem sido enganadas.

Então as crianças saíram correndo e, pegando um cipó, chamaram o pássaro piodudu, que é o colibri, e pediram para ele voar bem alto e amarrar a ponta do cipó no céu. O piodudu atendeu ao pedido. E as crianças foram subindo, subindo, atravessando as nuvens.

As mulheres chegaram, não viram nem migalha do bolo e perguntaram ao papagaio o que tinha acontecido. O coitado não conseguia falar, de tanta dor no bico, mas voou até a corda.

Elas correram para lá e foram também subindo, subindo...

Quando estavam quase alcançando o último menino na fila, este cortou o cipó com sua faquinha.

As mulheres caíram e se machucaram muito.

Os deuses, então, transformaram as crianças em estrelas, que são como olhos, condenados a olhar fixamente para a Terra, toda noite, para ver o que aconteceu com suas mães.

(Extraído de PAMPLONA, Rosane. *Histórias de dar água na boca*. São Paulo: Moderna, 2008.)

As estrelas

Estrelas são astros que têm luz própria. A maioria dos corpos celestes que podemos enxergar numa noite de céu limpo são estrelas. Só nossa galáxia, a Via Láctea, tem cerca de 100 bilhões de estrelas. E, se pensarmos que existem mais de 200 bilhões de galáxias, imaginem quantas estrelas há no universo!

Podemos dizer que as estrelas são esferas luminosas constituídas por um aglomerado de gases, poeira e outras partículas, chamado **plasma**. Existem muitos tipos de estrelas. Elas variam em tamanho, cor, luminosidade, idade e também de acordo com o tipo de plasma de que são feitas.

Os gases que formam as estrelas são principalmente o hidrogênio e o hélio, além do oxigênio e do nitrogênio. Já a "poeira" é formada por outros elementos, como ferro, ouro, urânio etc.

Na bandeira do Brasil figuram estrelas de 8 constelações, entre elas a do Cruzeiro do Sul. No total, são 27 estrelas: cada uma corresponde a um estado brasileiro e uma delas representa o Distrito Federal. O céu estampado na bandeira reflete, de forma invertida, a posição das estrelas no céu da cidade do Rio de Janeiro, no dia 15 de novembro de 1889, às 8h30, dia e hora da Proclamação da República. Era de manhã e o Sol brilhava, não dava para enxergar as estrelas; mesmo assim, os astrônomos sabiam a exata posição dos astros naquela hora.

Constelação = grupo de estrelas

A temperatura no interior das estrelas é elevadíssima. Podemos dizer que o centro das estrelas está em ebulição, como se os gases estivessem em combate. Isso libera energia em forma de calor e luminosidade. É essa a grande diferença entre as estrelas e outros astros, como os planetas, que não liberam calor nem têm luz própria.

Quanto maior a temperatura, maior a luminosidade das estrelas, que são classificadas em 6 categorias, chamadas **grandezas**.

As estrelas de primeira grandeza são as mais brilhantes. Elas são 100 vezes mais brilhantes do que as de segunda grandeza. Também existe uma relação entre a cor das estrelas e sua temperatura. As estrelas de cor azul ou branca são as mais quentes. Em seguida, vêm as de cor amarela, laranja e vermelha. A olho nu, isto é, sem o auxílio de aparelhos, como o telescópio, fica difícil distinguir a cor das estrelas, pois elas estão muito distantes.

As estrelas também variam muito de tamanho. Existem as hipergigantes, supergigantes, gigantes, subgigantes e anãs. Entre as maiores estrelas que conhecemos está a VY Canis Majoris, que fica a 5 mil anos-luz da Terra. Alguns cientistas calculam que ela tem cerca de 3 bilhões de quilômetros de diâmetro! Essa estrela fica na constelação de Cão Maior e, apesar de ser tão grande, não é visível da Terra. Muito mais visível é a estrela Sírius, que pertence à mesma constelação, mas fica bem mais perto de nosso planeta: a "apenas" uns 8,5 anos-luz de distância! Pertinho, não é mesmo?

Constelações

Os astrônomos da Antiguidade agrupavam as estrelas em constelações conforme a figura que eles julgavam ver: pessoas, animais, seres imaginários ou mesmo objetos.

Como cada povo enxergava ou imaginava os grupos de um modo, esses nomes variavam muito. A maioria dos nomes que conhecemos hoje foi dada pelos gregos. Assim, ficaram conhecidas as constelações chamadas Escorpião, Centauro, Balança, Lira, Órion, Virgem, Cão Maior, Ursa Menor, Cabeleira de Berenice e muitas outras.

Câncer

Conta uma lenda que a rainha Berenice, esposa do rei Ptolomeu do Egito, cortou seus lindos cabelos e ofereceu-os à deusa Afrodite para que seu marido voltasse vivo da guerra.

A deusa ficou tão encantada com o presente, que o transformou numa linda constelação.

Ah, e fez o rei voltar são e salvo da guerra, é claro!

Na verdade, as estrelas de uma constelação podem estar a milhares de anos-luz umas das outras. Elas só parecem estar juntas quando as olhamos no céu.

Toda estrela pertence a uma constelação e é classificada de acordo com seu brilho. A mais brilhante recebe o nome de Alfa; em segundo lugar vem Beta; depois, Gama, e assim por diante, seguindo a ordem do alfabeto grego.

Sírius é a estrela Alfa da constelação Cão Maior.

Algumas constelações só podem ser vistas se você está no Hemisfério Norte, como a Ursa Maior. E só quem está no Hemisfério Sul, como nós, pode ver a conhecida constelação Cruzeiro do Sul.

Essa constelação foi muito útil aos navegadores que se aventuraram pelo nosso hemisfério, no século XVI. Ela lhes servia de orientação, pois o braço mais longo da cruz aponta para o Polo Sul.

CONSTELAÇÃO DE ÓRION

Os povos antigos explicavam a existência das constelações por meio de belas histórias. Para a constelação de Órion existem vários mitos. Um deles, dos gregos, conta que Órion era um gigante guerreiro, filho de Poseidon. Exímio atirador, Órion caçava acompanhado de seus dois cães.

Um dia, Ártemis, deusa da caça, se apaixonou por ele. Porém, Apolo, irmão da deusa, ficou com ciúmes e enviou um escorpião venenosíssimo para picar o guerreiro. Ártemis viu Órion fugindo e quis ajudar, lançando uma flecha contra o escorpião. Mas, como eles estavam correndo, a deusa errou o alvo e a flecha atingiu o coração de Órion.

Desesperada, Ártemis suplicou a Zeus, senhor do universo, que transformasse Órion numa constelação. Zeus fez isso e muito mais: transformou também o escorpião e os cães de caça em estrelas. É por isso que vemos no céu a constelação de Órion acompanhada de seus dois companheiros, Cão Maior e Cão Menor. Atrás do caçador, na direção de seu "calcanhar" está a constelação de Escorpião.

Mas não se preocupem: o caçador está a salvo! Quando a constelação de Escorpião nasce no leste, Órion já está se pondo no oeste...

AS ESTRELAS TÊM QUANTAS PONTAS?

Costumamos desenhar as estrelas com 5 ou mais pontas, mas na verdade as estrelas são arredondadas, apenas parecem ter pontas. E também só parecem piscar. Essa cintilação que percebemos quando olhamos fixamente para elas ocorre por causa de acontecimentos na atmosfera, como ventos fortes ou névoas, que desviam o caminho da sua luz.

Primeira estrelinha que vi brilhar
Faça-me sonhar com quem vou casar!

Primeira estrela que eu vejo
Realiza o meu desejo!

A atmosfera terrestre, isto é, a camada de gases que envolve a Terra, é o que nos protege dos raios ultravioleta, que podem causar sérias doenças de pele. Ela também nos defende dos meteoros, pois estes, na grande maioria, se queimam e se pulverizam ao entrar em contato com ela.

Estrelas cadentes, meteoros e cometas

Você já fez um pedido para uma estrela cadente? À noite, com o céu bem estrelado, às vezes surpreendemos um corpo celeste riscando o céu. A crença popular diz que devemos fazer um pedido para essa estrela cadente, pois ele será atendido.

Na verdade, essa espécie de faísca que vemos são meteoros, lascas provocadas quando dois corpos celestes raspam um no outro. Os meteoros geralmente se pulverizam, ou seja, "morrem", antes de chegar à Terra. Quando chegam a tocar o solo, são chamados de meteoritos.

Os meteoritos quase sempre são pedrinhas que nem notamos. Porém alguns podem fazer estragos, como o que caiu na Rússia em 2013. Ele media 17 metros de diâmetro e provocou uma grande explosão ao tocar o solo, deixando centenas de feridos. Como podemos ver, nem sempre são simples pedrinhas inofensivas.

Outras vezes, as tais estrelas cadentes são pedacinhos de cometas. Os cometas são pedras enormes formadas de gelo, poeira, pedrinhas e gás. Quando essas pedras se aproximam do Sol, elas começam a esquentar e forma-se uma nuvem de gás e poeira em volta delas. A isso chamamos de **cabeleira** do cometa. Aliás, *coma*, a palavra grega que deu origem a cometa, quer dizer “cabeleira”. Essa cabeleira, soprada para trás, vai formando o que chamamos de **cauda** do cometa.

Os cometas não têm luz própria: é a luz do Sol que, refletindo neles, torna-os brilhantes.

O cometa mais famoso é o Halley, que passa pelo nosso céu a cada 76 anos, aproximadamente.

Você sabia?

Garanto que você já olhou para o céu e reparou em três estrelas bem juntinhas, que todo mundo conhece como As três Marias. Elas fazem parte da constelação de Órion e também são conhecidas como O cinturão de Órion. Mas, na verdade, essas Marias se chamam oficialmente Alnilam, Alnitak e Mintaka. Complicadinho, não?

Já as estrelas do Cruzeiro do Sul se chamam Magalhães (a mais brilhante, a estrela Alfa), Mimosa, Rubídea, Pálida e, por último, a estrela que tem brilho mais fraco, conhecida como Intrometida. Olhando a figura ao lado, você seria capaz de dizer por que essa estrela ganhou tal apelido?

Resposta: A estrela de cinema.

Um astrônomo chega na casa de um amigo, que lhe diz:

– Sabe, sou mais eficiente do que você: consegui ver estrelas de dia, sem telescópio e sem luneta alguma!

– Como você conseguiu? – perguntou, espantado, o astrônomo.

– É simples! Acabei de dar uma martelada no dedo!

AMARREI O SOL COM A LUA,
COM A FITA DA VERDADE.
FAÇO ATÉ O QUE NÃO POSSO,
PRA TE FAZER A VONTADE.

SETE RAIOS TEM O SOL,
HEI DE IR-ME LÁ SENTAR.
PARA DE LÁ ENTENDER
A QUEM TU QUERES AMAR.

O Sol

Sol e chuva, casamento de viúva! Chuva e sol, casamento de espanhol! Chuva e vento, casamento de jumento!

O SOL E O VENTO

Certa vez, o Vento Norte, que é muito gelado e violento, começou a se gabar, dizendo que era mais poderoso do que o Sol.

O Sol, rei do universo, não gostou daquela história e foi pedir explicações. O Vento Norte tornou a afirmar que era o mais forte. Então, o Sol o desafiou:

– Você está vendo aquelas pessoas lá embaixo, com seus casacos pesados e gorros? Pois eu duvido que você, com sua força, consiga arrancá-los.

– Duvida? Pois então eu lhe digo: será eleito o mais forte entre nós aquele que conseguir tirar mais roupas daqueles homens.

Acordo feito, o Vento Norte atacou primeiro. Soprou e soprou com todo seu ímpeto. Porém... quanto mais ele soprava, mais as pessoas agarravam seus casacos e gorros com força, não deixando nada voar.

Então foi a vez do Sol. E o que ele fez? Ele simplesmente brilhou, afastando as nuvens e deixando seus raios quentes chegar até as pessoas. O calor foi aumentando e cada um foi desabotoando os casacos, tirando os gorros e ficando só com a roupa leve de baixo.

Desde esse dia, o Vento Norte, derrotado, não ousou mais dizer que era mais forte que o Sol.

O Sol

Lembrando:
O giro que um corpo celeste faz em volta de outro chama-se **órbita**.

Pode não parecer, mas o Sol é uma estrela. E nem é uma estrela tão grande assim: é uma estrela de quinta grandeza, isto é, está no quinto lugar se formos pensar numa competição de tamanho. Mas, como é a estrela mais próxima da Terra, a enxergamos assim, enorme!

Aliás, o Sol é a estrela em torno da qual nosso planeta gira. O conjunto formado pelo Sol, pela Terra e por todos os astros ou corpos celestes que giram em torno do Sol é chamado de Sistema Solar.

Todos os dias temos a impressão de que o Sol "nasce" no leste, por isso chamado de **nascente**, e "morre" ou "se põe" no oeste, por isso chamado de **poente**.

Na verdade, é a Terra que está girando e mudando de lugar.

O Sistema Solar ocupa apenas uma pequeníssima parte da Via Láctea, a galáxia à qual pertencemos. Lembre-se de que existem mais de 200 bilhões de galáxias! E, se você imaginou que o Sol é muito pequeno em relação ao Universo, imagine agora que em relação a outros astros o Sol é gigantesco: dentro dele caberiam cerca de um milhão e trezentos planetas do tamanho da nossa Terra!

IMAGINE QUE AS BOLINHAS AZUIS REPRESENTAM PLANETAS TERRA DENTRO DO SOL.

Antigamente...

Os mais antigos povos já tinham a percepção de que o Sol é essencial para a vida. Por isso, era considerado um deus, uma divindade, na maioria das civilizações.

• Segundo os antigos egípcios, o deus Sol, também chamado de Rá, do alto do céu governava o mundo e deixava o comando da Terra a seu filho, o faraó.

• Na mitologia grega, o Sol era o deus Hélio, que percorria o céu na sua carruagem puxada por quatro cavalos brancos. Todos os dias, o deus saía com seu carro pelo leste, subia até o ponto mais alto do céu ao meio-dia, descia para o oeste e mergulhava no oceano para descansar.

• Nas Américas, os incas, maias e astecas ergueram templos para o deus Sol e para ele faziam sacrifícios e oferendas.

• Um mito do Congo, na África, diz que o deus Nzambi, o grande criador de todas as coisas, antes de tudo quis fazer a luz. Então vomitou uma bola de fogo, o Sol, e tudo começou a brilhar.

• Para os índios Tucuna, do Amazonas, o Sol era um moço muito bonito, que bebeu tanta tinta de urucum que acabou indo para o céu e se transformou no nosso astro alaranjado e brilhante.

• Em muitas regiões do Brasil, ainda hoje, o Sol é considerado o grande inimigo das forças do mal. Muitos creem que na hora de maior força do Sol, ou seja, ao meio-dia, os anjos estão cantando e as orações e os pedidos surtem mais efeito.

O Japão é conhecido como "a terra do Sol nascente", e sua bandeira representa o Sol. Outros países, como a Argentina e o Uruguai, têm o Sol na sua bandeira.

O Sol está fervendo...

A camada externa do Sol tem a aparência de um líquido fervendo, cheio de bolhas. É que a temperatura ali é bem alta: por volta dos 6.000 °C (seis mil graus Celsius). Achou muito? Pois, no interior do Sol, tudo ferve mais ainda: a temperatura é calculada em cerca de 15.000.000 °C (quinze milhões de graus Celsius).

O Sol está constantemente queimando hidrogênio, um dos gases de que é formado. É assim que ele produz luz e calor.

Os cientistas calculam que o Sol existe há 5 bilhões de anos. Porém, como ele não para de queimar o próprio combustível de que é feito, uma hora vai se apagar. Mas não se preocupe: ele ainda tem gás para outros 5 bilhões de anos!

Adivinhe, adivinhão

O que é que pode passar diante do Sol sem fazer sombra?

Resposta: O vento.

SOU MUITO ESTIMADO,
O SENHOR ME CREIA.
MAS QUEM OLHA PARA MIM
FAZ LOGO CARA FEIA!
QUEM SOU EU?

Resposta: O Sol.

O planeta do Pequeno Príncipe era tão pequeno, que era só ele afastar a cadeira para ver um pôr do sol. Um dia ele contemplou 44 pores do sol!

Ilustração com base em *O pequeno príncipe*, de Antoine de Saint-Exupéry.

O SONHO DE ÍCARO

Ícaro era o filho de Dédalo, o mais famoso artesão da Grécia, um homem tão habilidoso que era capaz de idealizar e fabricar qualquer coisa.

Foi Dédalo quem construiu o labirinto onde se escondia o Minotauro, um monstro meio homem, meio touro que vivia no reino do rei Minos, em Creta, e se alimentava de carne humana.

Um dia a filha do rei ajudou o jovem herói Teseu a entrar e sair do labirinto: Dédalo lhe sugeriu dar ao jovem um fio que o conduzisse no caminho de volta. Chegando ao centro do labirinto, Teseu pôde matar o monstro e sair do labirinto.

O rei, porém, não queria que matassem o Minotauro e acabou culpando Dédalo pelo acontecido. Como castigo, encerrou pai e filho, Dédalo e Ícaro, no labirinto.

Para escapar, o engenhoso artesão conseguiu fazer dois pares de asas perfeitas, colando penas de gaivota com cera de abelha. Dédalo ajustou as asas nas suas costas e nas costas do filho e recomendou-lhe que não voasse muito perto do Sol, pois o calor poderia danificar as asas.

Os dois levantaram voo, mas Ícaro ficou tão fascinado pela liberdade de voar pelo espaço, que esqueceu os conselhos do pai e quis chegar ao Sol. Entretanto, o calor derreteu a cera que colava as penas e Ícaro caiu no mar, encontrando a morte.

Dédalo conquistou sozinho a liberdade e ainda viveu longos anos ensinando sua arte a muitos jovens.

O gás hélio é um dos principais gases que, junto com o hidrogênio, formam a massa do Sol. O nome desse gás tem origem no nome Hélio, o deus Sol para o gregos antigos. Da mesma forma, foi criada a palavra heliocêntrico, que significa ter o Sol como centro, ao redor do qual giram diversos planetas, como a Terra.

Saiba mais

Sem o Sol, a Terra seria um planeta escuro, gelado e, além disso, sem vida, pois todos os seres vivos dependem da luz solar.

Primeiro porque é graças à luz, à energia luminosa, que vegetais verdes conseguem fazer a fotossíntese, isto é, transformar o gás carbônico em proteínas, vitaminas e outros nutrientes, liberando oxigênio para a atmosfera. Esses nutrientes trazem energia para as plantas, para os animais que comem as plantas bem como para nós, seres humanos, que nos alimentamos das plantas e dos animais.

A luz do Sol é também importante para o funcionamento de nosso corpo. Por exemplo, é ela que nos ajuda a absorver a vitamina D e o cálcio.

Apesar desses e de outros benefícios, não podemos esquecer que pode ser perigoso ficar exposto aos raios solares por muito tempo. O Sol libera um raio chamado ultravioleta. Em excesso, esses raios podem causar câncer de pele. Por isso devemos evitar nos expor ao Sol nos horários em que os raios estão mais fortes (entre 10h e 15h) e usar sempre protetor solar.

Você sabia?

Onde o Sol nunca se põe...

Na época das grandes navegações, quando Portugal conquistava terras na América, na África e na Índia, diziam:

– O Sol nunca se põe no reino de Portugal.

Diziam isso porque, como Portugal reinava sobre lugares tão distantes entre si, quando o Sol se punha num deles, já estava nascendo no outro.

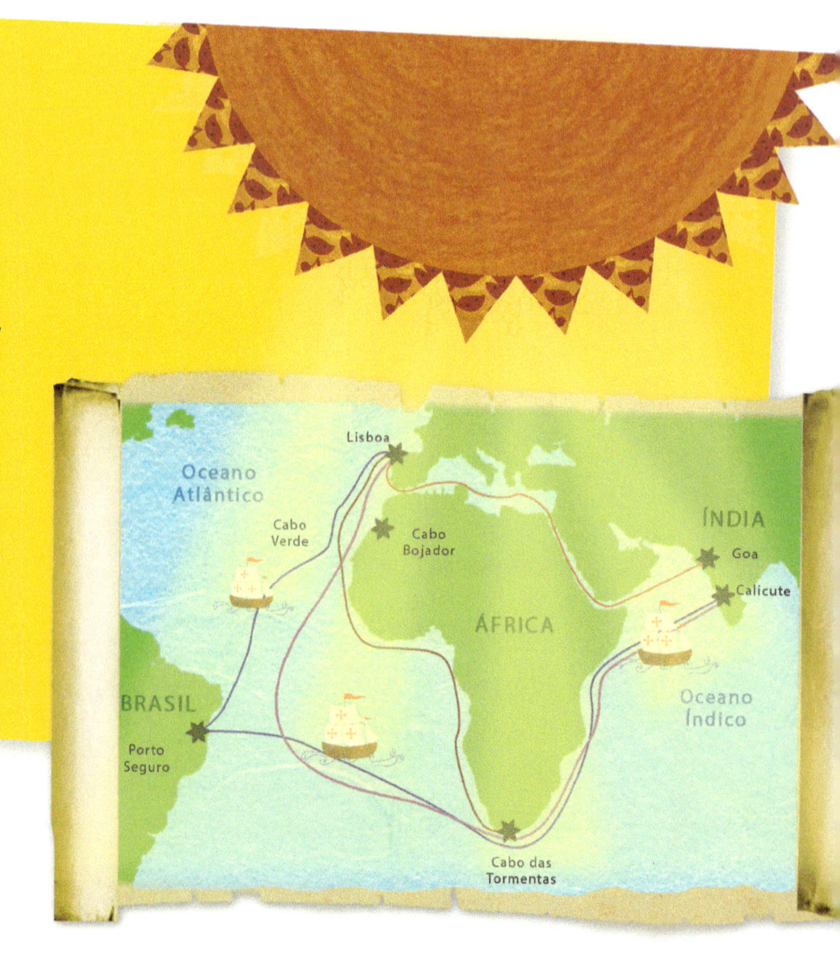

Na ponta da língua

De Sol a Sol
O dia inteiro, sem parar.
Ex.: trabalhar de Sol a Sol.

O Sol nasce para todos
Significa que todos devem ter direitos iguais na vida.

Tapar o Sol com a peneira
Tentar esconder o que não dá para esconder.

Ver o Sol nascer quadrado
Dizem que quem está na cadeia vê o Sol quadrado, pois as janelas da cela costumam ser quadradinhas...

Para rir

CONVERSA MALUCA

– Vamos viajar até o Sol?
– Até o Sol? Você está maluco! Ficaremos torrados!
– Ah, não se preocupe... iremos à noite!

A LUA JÁ VEM SAINDO,
REDONDA COMO UM VINTÉM.
SE EU NÃO CASAR COM VOCÊ,
NÃO CASO COM MAIS NINGUÉM.

FOFOQUEIROS QUANDO COMEÇAM
A FALAR DA VIDA ALHEIA,
COMEÇAM NA LUA NOVA,
TERMINAM NA LUA CHEIA.

O que é, o que é?

Está no começo da Lua
e no final do Sol...

Resposta: A letra L.

Qual é a coisa, qual é
ela, que brilha mas não é
vela, tão redonda como
um queijo, ninguém pode
dar-lhe um beijo.

Resposta: A Lua.

O AVARENTO E A LUA

CONTO DE ORIGEM CIGANA

Era uma vez um homem tão avarento, tão pão-duro, que não gostava nem de dar bom-dia às pessoas. Vivia sozinho, na sua cabana no meio da floresta. De manhã, saía para trabalhar e só voltava no começo da noite.

Um dia, acordou mais cedo e fez uma panqueca. Ela era tão branquinha e redonda que parecia a Lua. Naquele tempo, só havia Lua Cheia. A Lua não desaparecia, não!

Como não estava com muita fome, o homem achou melhor deixar a panqueca para o jantar e saiu para trabalhar.

Quando voltou, encontrou na sua cabana um velho bem velho, de longas barbas brancas. Ele não sabia, mas esse velho tinha grandes poderes. O avarento não gostou nada daquele visitante. E furioso ficou quando percebeu que o velhote havia comido sua panqueca.

– Seu ladrão, devolva-me a minha panqueca! – berrou.

– Peço desculpas, senhor, mas espero que entenda: eu estava quase morto de fome e, quando vi aquela panqueca redondinha como a Lua, não resisti! Mas posso recompensá-lo, não se preocupe.

– O quê? Um esfarrapado como você? Você nunca poderá me recompensar! Se queria comer a Lua, por que não foi para o céu?

O velho insistiu nas desculpas, mas o dono da casa partiu para cima dele com um porrete na mão. Então o visitante reagiu, exclamando:

– Ah, é assim? Eu disse que poderia recompensá-lo, mas já que faz tanta questão da sua Lua, fique com ela, então.

E, dizendo umas palavras mágicas, fez o avarento ir para a Lua.

E lá, como não havia nada para comer, ele teve que ir comendo pedacinhos da Lua... Comia, comia, e com isso a Lua ia desaparecendo. Quando só restava uma casquinha dela, ela se recuperava e tornava a crescer. E o homem tornava a comer.

E foi assim. O avarento até hoje está na Lua, e é por isso que ela some e reaparece, some e reaparece...

A Lua

A Lua é o satélite natural da Terra.

Satélite natural é um corpo celeste que gira em torno de um planeta. Dizemos que a Lua é um satélite natural, pois existem outros satélites criados pelo homem chamados, portanto, de satélites artificiais.

A Terra só tem um satélite natural, a Lua; outros planetas não têm nenhum e outros têm vários. Cada satélite foi batizado com um nome próprio, mas popularmente os chamamos de **luas**.

Os satélites não têm luz própria, são astros iluminados, e não luminosos. A Lua é iluminada pelo Sol.

A Lua gira em volta da Terra. Para completar esse giro ela leva 28 dias. Enquanto gira em torno da Terra, ela gira também em torno de si mesma.

A Lua é quase 50 vezes menor do que a Terra, e a distância entre ela e a Terra varia, mas podemos calculá-la em torno de 400 mil quilômetros.

O telescópio Hubble é um satélite artificial.

DEUS TE SALVE, LUA NOVA,
DEUS TE DÊ BOA VENTURA.
FAZEI QUE MEU CABELO CRESÇA,
QUE ME BATA NA CINTURA.

Os satélites artificiais são planejados para exercer determinada tarefa, como orientar as previsões meteorológicas, facilitar a comunicação ou ajudar nas pesquisas científicas.

Nas noites de céu límpido, é muito fácil ver um satélite passando. Diferente de uma estrela cadente, que passa e desaparece rapidamente, podemos acompanhar sua trajetória por um longo tempo. Alguns passam toda noite à mesma hora, observe!

Depois do Sol, a Lua é o astro mais visível daqui da Terra. Às vezes ela aparece enorme, às vezes, desaparece. Isso ocorre porque os astros não estão fixos no céu, mas se movimentam, cada um em períodos diferentes dos outros.

Assim, a posição da Lua e da Terra em relação ao Sol varia constantemente. De acordo com essa posição, vemos a Lua com formas diferentes. A essas diferenças chamamos de fases da Lua, que são quatro: cheia, minguante, nova e crescente. Cada fase dura cerca de sete dias.

Para nós, que moramos no Hemisfério Sul, a fase crescente, ou quarto crescente, lembra a forma da letra C, e a fase minguante, ou quarto minguante, lembra a letra D. Fica fácil de lembrar: C = crescente; D = decrescente (ou minguante).

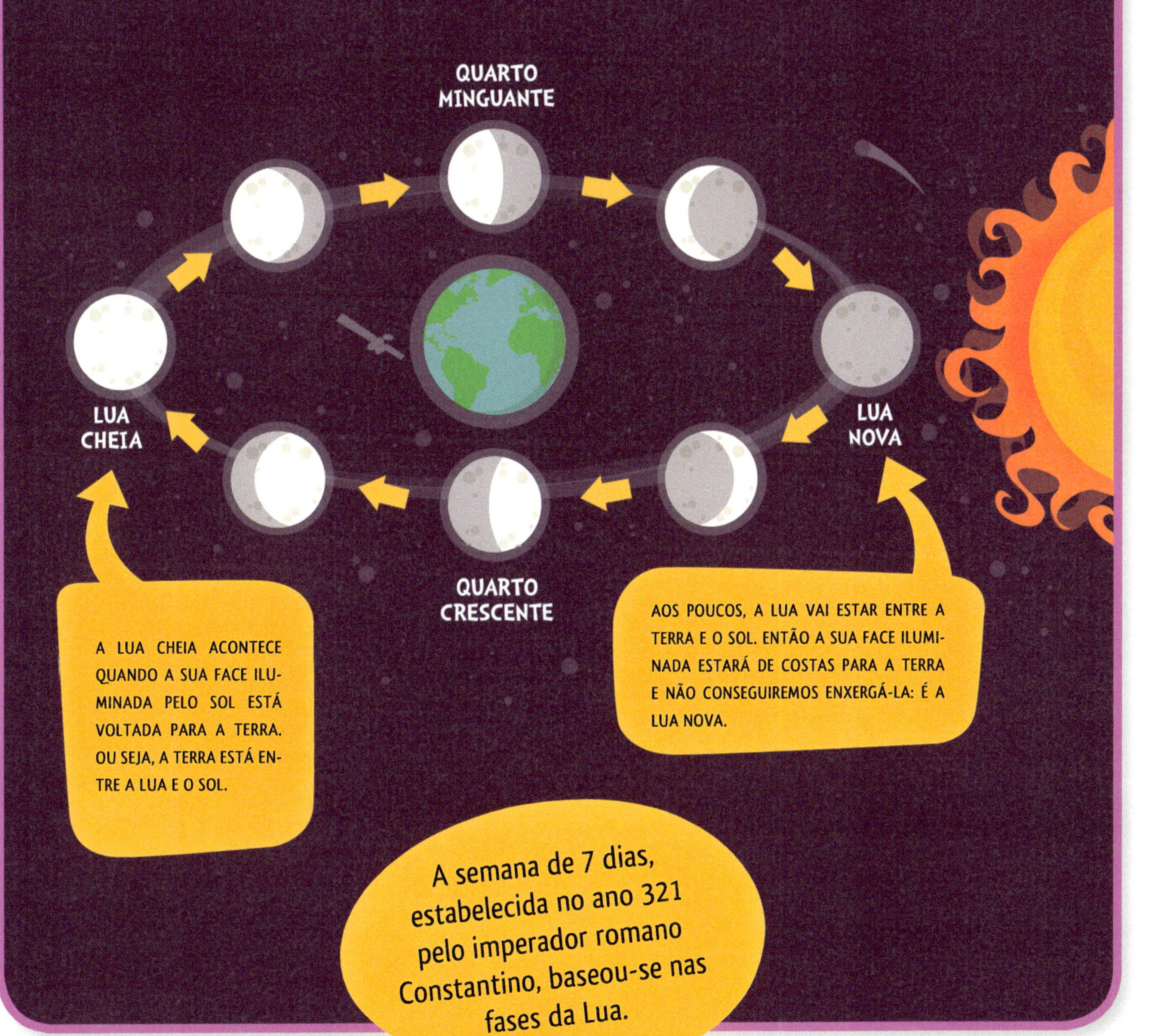

Antigamente...

Desde os princípios dos tempos, a humanidade venerou a Lua como um deus – ou deusa. Mas também muitos foram os povos que tentaram estudar os fenômenos que avistavam no céu.

Arqueólogos encontraram na França ferramentas feitas de ossos datadas de 30 mil anos. Nelas havia inscrições que os estudiosos acreditam que sejam uma forma de marcação das fases da Lua.

Os babilônios e os chineses, há milênios, já tinham registros sobre os eclipses lunares.

Também na Grécia, o sábio Aristóteles, no século IV a.C., explicou o motivo das fases da Lua. Mesmo assim, muitos povos mantiveram suas superstições, acreditando, por exemplo, que a Lua cheia pode trazer má sorte e que, se uma mulher grávida se banhar no luar, terá um filho "aluado", ou seja, meio maluquinho.

Ainda hoje, em certas regiões de Portugal e do Brasil, há o costume de pedir dinheiro ou proteção à Lua nova, recitando parlendas:

SELENE, A DEUSA DOS ENAMORADOS

Para os gregos, a Lua era Selene, filha dos titãs Teia e Hiperion e irmã de Eos e Hélio.

Eram três irmãos tão belos que outros deuses, atormentados pela inveja, atiraram-nos nas águas profundas de um rio. Teia, não sabendo onde estavam os filhos, procurou-os por todos os cantos, até adormecer de cansaço. Quando acordou, viu seus filhos no céu, iluminando a Terra: Eos, a aurora, preparava a chegada de Hélio, o Sol, que iluminava o dia. Selene, a Lua, iluminava a noite. A jovem deusa tinha a pele branca como a neve e viajava numa carruagem de prata.

A imagem daquela deusa solitária tocou o coração de muitos jovens na Terra, mas o pastor Endimion era o mais apaixonado. Todas as noites ficava a contemplar a Lua, tentando entender a rotina de seu ciclo, ou seja, sua misteriosa mudança de aparência.

De tanto ver o jovem a contemplá-la, Selene acabou por se interessar por ele e um dia desceu à Terra para conhecê-lo. Encontrou-o dormindo. Seu rosto era tão belo e sereno que a deusa por ele se apaixonou e não quis mais voltar para o céu.

Os homens, vendo que a Lua desaparecera, invocaram Zeus, o guardião da ordem do universo. Zeus, aborrecido com o comportamento de Selene, ordenou-lhe que retomasse seu lugar no céu e quis castigar Endimion com a morte. Mas, atendendo às súplicas de Selene, apenas mergulhou-o num sono infinito.

Endimion dorme até hoje e, de vez em quando, Selene consegue abandonar o céu e vir beijar-lhe a fronte. É por isso que, nessas noites, a Lua desaparece. São os eclipses da Lua, quando ela deixa de ser visível.

Por causa da gravidade, nosso satélite natural exerce sobre a Terra forças de atração, que variam conforme a fase da Lua e a distância em que ela se encontra da Terra. Essas forças influenciam o clima e também os oceanos, pois fazem as águas dos mares fluírem para um lado e para o outro, ocasionando as marés.

Desse modo, a Lua é importante para os pescadores, navegadores e para muitos agricultores, que se baseiam nas "forças da Lua" para semear ou colher. Estes versos revelam a experiência e a sabedoria popular:

Lua nova trovejada,
Oito dias é molhada;
Se ainda continua,
É molhada toda a lua.

Chuva na minguante
dura até o mês entrante.

Você sabia?

Você já deve ter ouvido falar em eclipses. Eles ocorrem quando o Sol ou a Lua desaparecem de nossas vistas por uns minutos. Sabe por que isso acontece?

Os eclipses acontecem sempre que um astro entra na sombra de outro. Quando a Lua entra na sombra da Terra, ocorre um eclipse lunar. Quando a Terra entra na sombra da Lua, ocorre um eclipse solar. Assim, para haver eclipse, é preciso que o Sol, a Terra e a Lua estejam numa linha só. O Sol é muito maior do que a Lua, mas, como esta se encontra muito mais próxima da Terra, parece que seu tamanho é igual e é por isso que ela consegue encobrir o Sol.

Eclipses

Os eclipses solares ocorrem durante a Lua nova, quando a Lua se encontra entre o Sol e a Terra. A Lua projeta na Terra uma sombra. Para quem observa, dessa região de sombra, o Sol desaparece, pois sua luz está bloqueada pela Lua. Os papéis se invertem nos eclipses lunares, que ocorrem durante a Lua cheia; é a Terra, que se encontra entre o Sol e a Lua, que impede a luz solar de chegar à Lua, deixando-a invisível.

Mas, se é assim, por que não ocorre eclipse toda vez que é Lua cheia ou nova? É porque a Lua gira meio inclinada e assim os três astros não ficam sempre bem alinhadinhos; a Lua e o Sol "escapam" da sombra.

A Lua é o único astro, além da Terra, onde os seres humanos já pisaram. Neil Armstrong e Buzz Aldrin (foto) foram os primeiros homens a pisar na Lua, durante a missão Apollo 11, em 20 de julho de 1969.

Hoje muitos países se interessam em pesquisar e explorar a Lua. Estados Unidos e Rússia assinaram, em 1967, o Tratado do Espaço Exterior, definindo a Lua e todo o espaço como "província de toda a humanidade" e permitindo a ocupação da Lua apenas para fins pacíficos. Nada de instalações militares e armas de destruição em massa!

© NASA

Na ponta da língua

Aluado

Distraído, meio maluquinho.

Lunático

Louco.

Quem nasce na Lua não é chamado de lunático, mas de selenita, termo que se originou do grego Selene (Lua).

Cabeça na Lua / No mundo da Lua

Pessoa que não se concentra, não pensa direito, se distrai facilmente, tem a cabeça na Lua ou está no mundo da Lua.

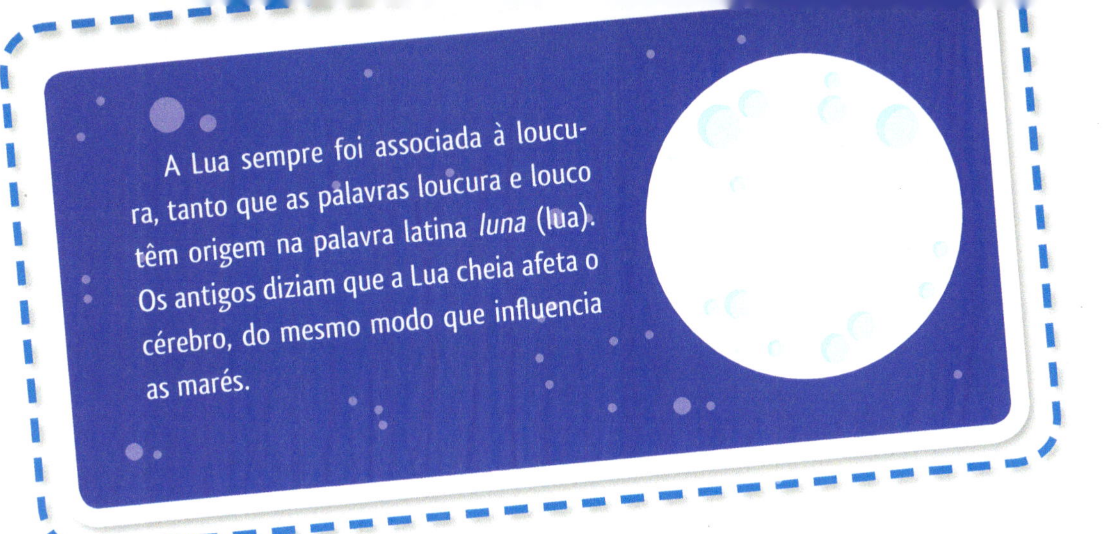

A Lua sempre foi associada à loucura, tanto que as palavras loucura e louco têm origem na palavra latina *luna* (lua). Os antigos diziam que a Lua cheia afeta o cérebro, do mesmo modo que influencia as marés.

Lua de mel

Período comemorado após o casamento. Há várias histórias que contam como se iniciou o costume da lua de mel. Em uma delas, afirma-se que, há cerca de 4 mil anos, os babilônios tinham um costume: quando se casavam, festejavam o primeiro mês de casamento bebendo hidromel, uma bebida feita com mel.

Para eles, que contavam os dias segundo as fases da Lua, esse período levava "uma lua", a assim chamada lua de mel.

Para rir

– Sabe por que os gatos miam para a Lua, mas a Lua não responde?

– Por quê?

– Porque astro-no-mia...

PODE O CÉU PRODUZIR FLORES,
A TERRA ESTRELAS CRIAR?
COMO PODE UM CORAÇÃO
VIVER SEM TE ADORAR?

FELIZ QUEM AMA NA TERRA,
INDA QUE SEJA UMA FLOR.
PRA QUE EXISTIR NESTE MUNDO
QUEM É INCAPAZ DE AMOR?

CAI O RAIO SOBRE A TERRA,
MAS ELA NÃO VAI ACABAR.
UM AMOR COMO ESSE NOSSO
NÃO PRECISA TERMINAR.

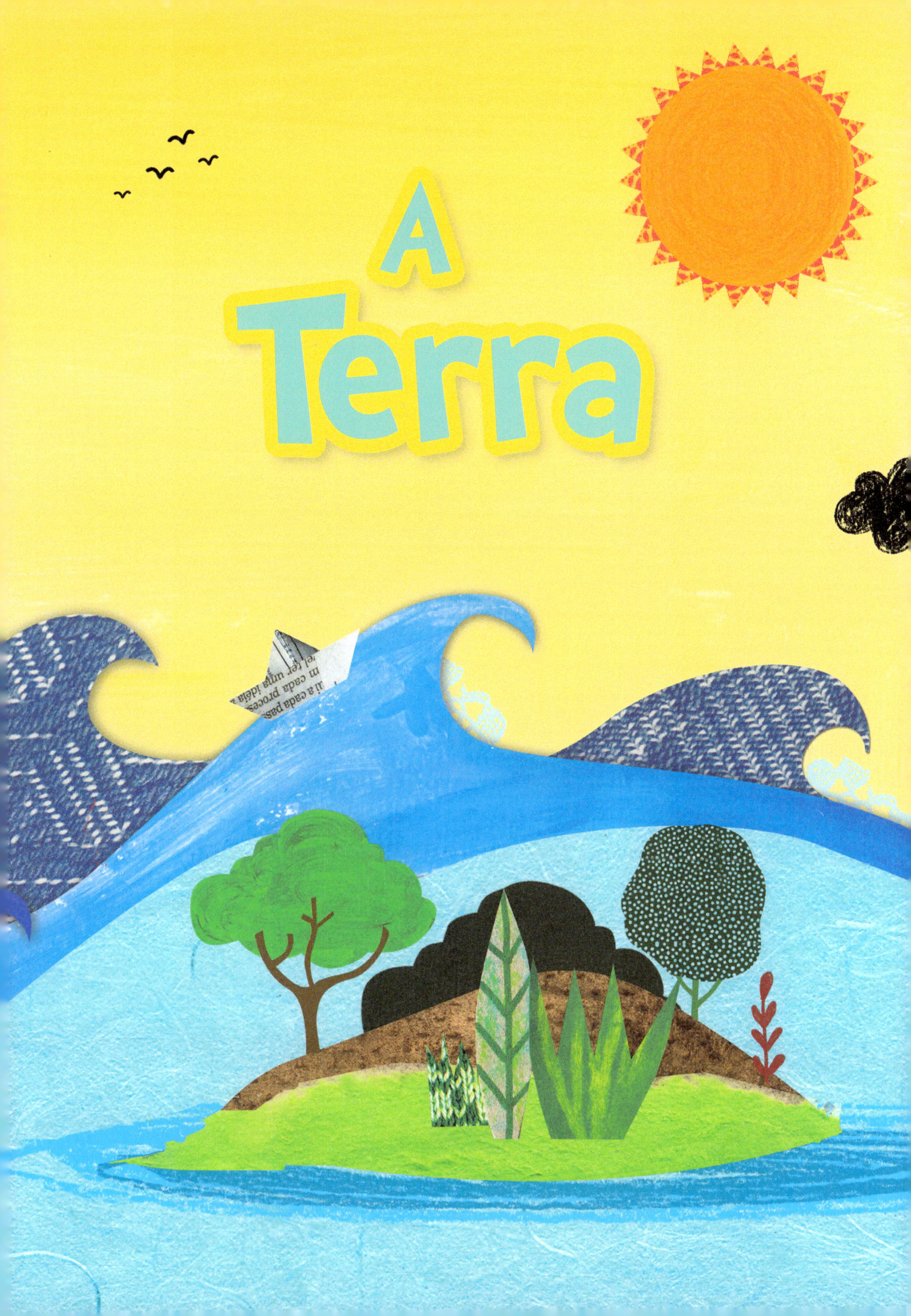
A
Terra

Hora da história

DEMÉTER, A PROTETORA DA TERRA

Contam os antigos gregos que, no início dos tempos, os deuses viviam no Olimpo. Mas uma deusa, Deméter, irmã de Zeus, pediu permissão para habitar a Terra.

Assim foi feito e Deméter e sua filha Perséfone passaram a viver entre os homens. Com a bênção das deusas, as florestas estavam sempre verdes, os jardins cobertos de flores e os campos plenos de grãos.

Um dia, as duas deusas passeavam admirando as belezas da Terra e Perséfone, distraída, afastou-se de Deméter. Sozinha, sentou-se num tronco para descansar; de repente, seu olhar caiu sobre um tufo de flores, uns narcisos magníficos. Não resistindo, colheu um deles. Nesse momento, a terra se abriu e Hades, o senhor dos mortos, surgiu das profundezas, no seu carro de ouro puxado por quatro cavalos negros. Fascinado pela beleza da jovem deusa, raptou-a, arrastando-a para as regiões das trevas eternas.

Quando Deméter deu pela falta da filha, já era tarde. Perséfone havia desaparecido, sem deixar rastro. Em vão, a mãe procurou-a por toda parte.

Já não sabia mais o que fazer, quando Hélio, o Sol, revelou-lhe o paradeiro da filha:

– Perséfone foi levada por Hades. Ela é agora sua esposa, a rainha dos mortos.

Ouvindo isso, Deméter se desesperou: contra a força do senhor das sombras, ela nada podia. Então chorou e se lamentou infinitamente. O tempo foi passando e Deméter continuava a chorar. As plantas e as flores, tristes, começaram a secar; em vão os homens arrastaram o arado pelos campos, em vão a cevada e o trigo foram semeados. Sem força, a Terra se cobriu de poeira, a luz esmoreceu, o frio tomou conta de tudo.

Desesperados e famintos, os homens ergueram os braços para os céus e pediram ajuda a Zeus. Ele ouviu o pedido e enviou Hermes, o mensageiro, para pedir a Hades que devolvesse Perséfone a sua mãe. Hermes desceu às profundezas e ouviu de Hades que Perséfone poderia partir, desde que não houvesse jamais comido qualquer alimento do seu mundo.

E, na verdade, Perséfone, desde que ali chegara, não se interessara por nada; mas um dia, avistando uma romãzeira, teve tanta saudade das árvores de seu mundo, que comeu três grãos do fruto, e isso foi o suficiente para prendê-la eternamente ao reino das sombras.

Após negociar com Hades, Zeus então estabeleceu que a partir daquele dia Perséfone passaria três meses no reino da escuridão e o resto do ano com sua mãe, na luz.

A deusa subiu no carro de Hermes, que a levou até sua mãe. Deméter, louca de alegria, abraçou a filha e sorriu. E o sorriso de Deméter fez reverdecer a Terra, cobrindo de flores os jardins e de grãos os campos. Era a primavera que chegava.

Felizes, os homens voltaram a seus lares, levando no coração a imagem de Perséfone, filha da vida e esposa da morte, e, a de Deméter, mãe dos homens.

Assim foi feito para que nenhum de nós se esqueça de que, mesmo após o mais duro e frio inverno, chega sempre, infalível, a prometida primavera.

A Terra

A Terra é um planeta. O planeta em que habitamos. Podemos dizer, simplificando, que planeta é um corpo celeste que gira em torno de uma estrela. Os planetas não têm luz própria, são iluminados pela estrela em torno da qual giram.

Nosso planeta Terra gira em torno do Sol e, por isso, faz parte do Sistema Solar. Lembrando: o Sistema Solar é o conjunto formado pelo Sol, pela Terra e por todos os astros ou corpos celestes que giram em torno do Sol. Desse sistema também fazem parte outros sete planetas: Mercúrio, Vênus, Marte, Júpiter, Saturno, Urano e Netuno.

Do Sistema Solar, a Terra é o terceiro planeta mais próximo do Sol, a uma distância de 150 milhões de quilômetros. Em relação ao tamanho, ela é o quinto planeta, com um diâmetro de 12.756 quilômetros, só um pouquinho maior do que Vênus.

Os quatro planetas mais próximos do Sol são planetas rochosos, isto é, formados basicamente por rochas. Os outros quatro são formados por gases e por isso são chamados de planetas gasosos.

A Terra parece ser o único planeta do Sistema Solar a reunir condições para que haja vida como a nossa. Além de ter os vegetais e minerais de que precisamos, tem bastante água no estado líquido, pois não sofre temperaturas tão quentes nem tão frias, como acontece nos outros planetas.

Mas nem sempre as características terrestres foram favoráveis à vida, sobretudo para os humanos. Será que, no futuro, a Terra ainda terá condições de nos abrigar?

Os antigos astrônomos, observando o céu, notavam que alguns corpos luminosos se moviam entre as estrelas e que, durante o ano, alteravam seu brilho. Esses corpos foram chamados de planetas, palavra que significa "o que viaja".

Os romanos, homenageando seus deuses, batizaram os planetas. O maior de todos ganhou o nome de Júpiter, o senhor dos deuses. Naquela época, eles só distinguiam seis planetas: além da Terra e de Júpiter, havia Marte, Vênus, Mercúrio e Saturno. Urano e Netuno, mais distantes, só foram descobertos depois da invenção do telescópio. Plutão foi descoberto apenas no século XX, em 1930. Porém, poucos anos atrás, perdeu o título de planeta, passando a ser considerado um planeta-anão.

Antigamente...

Para muitas civilizações antigas, a Terra era plana, coberta por uma espécie de redoma, o céu. Mas é antiga também a noção de que a Terra seria redonda: já havia surgido na Mesopotâmia e no antigo Egito. Na Grécia, há cerca de 2.500 anos, essa ideia foi retomada e aceita.

Ficava evidente que nosso planeta era curvo, quando se observavam, por exemplo, os navios se aproximando ou se afastando da praia: o mastro era sempre o primeiro a aparecer ou desaparecer.

Mais difícil foi aceitar que a Terra se movia, girava, e que não era o centro do universo. Alguns astrônomos tentaram demonstrar isso, mas suas ideias não foram aceitas.

Nicolau Copérnico, polonês, considerado o pai da astronomia moderna, publicou, em 1543, no século XVI, obra na qual demonstrava que o Sol era o centro do universo. Quando o sábio italiano, Galileu Galilei, no século seguinte, quis confirmar os estudos de Copérnico, a Igreja Católica obrigou-o a desistir de suas teorias. Mas seus trabalhos, junto com os de outros astrônomos, ajudaram a comprovar a ideia que temos hoje do Sistema Solar.

É importante lembrar que tudo o que sabemos hoje a respeito do universo é fruto de milênios de observações e pesquisas, e que muito ainda há para se descobrir, confirmar ou desmentir.

Movimentos da Terra

Pode parecer mesmo que a Terra não sai do lugar, pois não sentimos seus movimentos. A verdade é que ela gira em torno de si mesma e também em torno do Sol.

Dizer que a Terra gira em torno de si mesma é imaginar que ela gira em torno de seu eixo.

O movimento em torno do Sol chama-se **translação**. A Terra leva 365 dias, ou seja, um ano, para dar uma volta completa em torno do Sol.

Durante o período da translação, ocorrem as estações do ano (primavera, verão, outono e inverno). Elas acontecem porque o eixo da Terra não está bem na vertical, mas um pouco inclinado (como um pião girando inclinado).

Assim, dependendo da época do ano, uma parte da Terra recebe a luz do Sol mais diretamente do que a outra. Quando é verão no Brasil, por exemplo, é porque o Hemisfério Sul está recebendo mais luz e calor. Enquanto isso, no Hemisfério Norte será inverno.

A volta que a Terra dá em torno do Sol dura um pouquinho mais do que 365 dias: 365,256 dias. É por isso que a cada quatro anos, para compensar esse "pouquinho a mais", temos um ano chamado bissexto, que dura 366 dias.

GAIA, A TERRA

Os antigos gregos contam que, no princípio do mundo, só havia o Caos, uma matéria sem forma. Do Caos surgiu Eros, uma força que começou a organizar tudo. A primeira forma organizada foi Gaia ou Geia, a Terra.

Gaia gerou Urano, o Céu. As duas divindades uniram-se. Dessa união nasceram os Ciclopes, os Gigantes Hecatônquiros e os Titãs.

Urano, porém, queria dominar o universo, reinar sozinho. Por isso fazia Gaia, a Terra, engolir todos os filhos que nasciam. Gaia, descontente com essa situação, esperou ter mais um filho, Cronos, e fez para ele uma foice poderosa. Com essa arma, Cronos destronou Urano e tornou-se o senhor do universo.

Assim que se tornou poderoso, Cronos libertou os irmãos Titãs, mas achou melhor deixar presos os Ciclopes e Gigantes. Depois, tomou como esposa a Titã Reia. Os outros irmãos avisaram-no para que tomasse cuidado, pois, de acordo com uma profecia, um de seus filhos iria destroná-lo.

Para se prevenir, Cronos, à medida que ia tendo filhos, ia engolindo um por um. É claro que Reia ficava desgostosa com isso. Por isso, para evitar novos sofrimentos, quando deu à luz mais um filho, escondeu-o e ofereceu a seu marido uma pedra enrolada em panos. Seu estratagema deu certo: o voraz Cronos engoliu a pedra sem nem mesmo perceber do que se tratava.

Esse novo filho era Zeus, que foi criado escondido. Quando cresceu, Zeus libertou os Ciclopes e Gigantes e expulsou Cronos do Olimpo. Assim, tornou-se o novo senhor do universo.

Os Ciclopes eram gigantes de um olho só, circular, na testa. (Daí o nome *ciclo* = círculo + *ops* = olho.)

Os Gigantes Hecatônquiros tinham 50 cabeças e centenas de braços. (Daí o nome *hecato* = cem + *quiro* = mão.)

Os Titãs e Titânidas eram doze, entre eles, Cronos e Reia.

Os deuses romanos que deram nome aos planetas são herança da mitologia grega. Veja aqui a correspondência entre deuses gregos e romanos.

NOME GREGO — NOME LATINO (ROMANO)

Hermes
Mercúrio

Afrodite
Vênus

Ares
Marte

Zeus
Júpiter

Cronos
Saturno

Céu
Urano

Poseidon
Netuno

Hades
Plutão

O que é, o que é?

Na Terra tem duas, no mar tem uma, e no céu não tem nenhuma?

Resposta: A letra R.

Resposta: A planta do pé.

Saiba mais

A Terra é composta de partes secas e de partes cobertas por água. A área seca, que abrange todos os continentes, tem quase 150 milhões de quilômetros quadrados. A área dos oceanos, mares e rios é mais do que o dobro: cerca de 361 milhões de quilômetros quadrados.

Ao todo, são 6 continentes: América, Europa, África, Ásia, Oceania e Antártida.

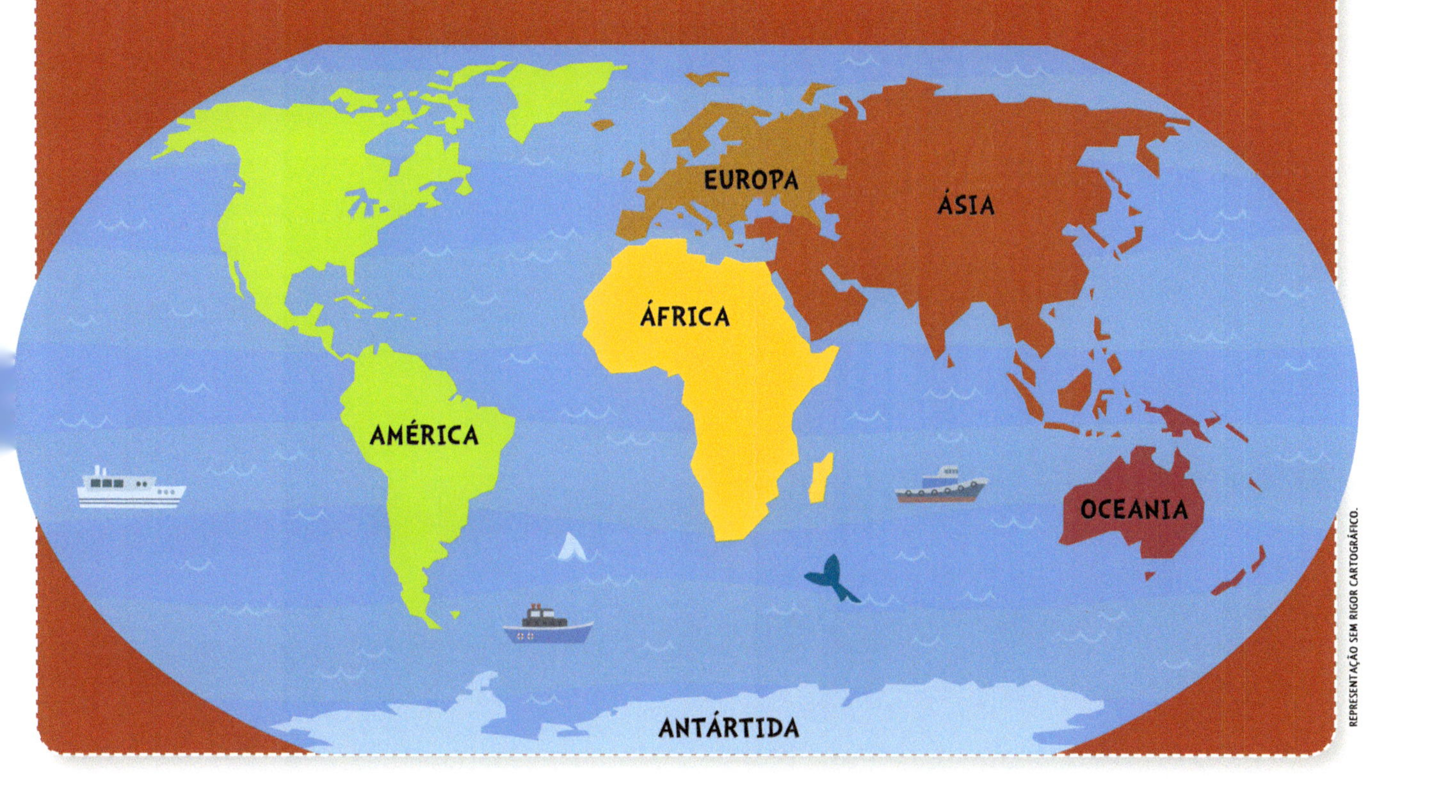

REPRESENTAÇÃO SEM RIGOR CARTOGRÁFICO.

Você sabia?

Muito mais antigamente ainda

Se olharmos, em um mapa, o desenho da costa do Brasil e o da costa da África do lado voltado para o Oceano Atlântico, perceberemos que as duas figuras quase poderiam se encaixar, como peças de um quebra-cabeças.

Esse fato deu origem a uma ideia chamada "teoria da pangeia" (*pan* = todo, total; *geia* = terra): a de que há milhões de anos os continentes foram um só e devem ter sido separados por forças da natureza, como terremotos.

REPRESENTAÇÃO SEM RIGOR CARTOGRÁFICO.

Terra ou terra?

O nome de nosso planeta é Terra, com T maiúsculo. A palavra terra, com t minúsculo, tem vários significados, entre eles:

- Barro: substância onde crescem os vegetais, terra boa para plantar.

- Solo, chão: o avião já está em terra.

- Lugar sólido, o oposto de líquido: terra firme.

- Lugar onde se nasceu: minha terra, terra natal.

- Terrenos, propriedades: o dono das terras.

Para rir... ou chorar

O planeta Terra se queixa a seu vizinho Marte:

– Ah, meu amigo, não sei mais o que faço... Ando me sentindo doente.

– Mas o que você sente?

– Algumas partes de meu corpo queimam, em outras aparecem buracos, outras cheiram mal, parece que estou envenenada.

– Ah, já entendi. Sinto muito, minha amiga, mas sua doença se chama humanidade...

E CHEGAMOS AO FIM...

Bem, chegamos ao fim de nossa viagem. E desta vez ela foi longa! Fomos à Lua, conhecemos o Sol, visitamos a Via Láctea e passeamos pelo universo... Mas ele é muito grande, ou mais do que isso, é infinito! Sabemos que muitas perguntas podem surgir a partir de agora, perguntas cujas respostas não estão aqui. E isso é bom, porque a curiosidade pode nos levar aos fantásticos caminhos do conhecimento. O universo é pesquisado há milhares de anos e, mesmo assim, sempre haverá algo de novo sobre ele. É um sem-fim de descobertas e por isso mesmo um assunto tão fascinante! Espero que tenham aproveitado bem essa viagem e que estejam prontos para embarcar em muitas outras!

Para saber mais

Se você quiser aprender mais sobre os astros, aqui vão algumas dicas:

Sites:

O universo e seus astros. Disponível em: <http://escolakids.uol.com.br/o-universo-e-seus-astros.htm>.

Estrelas que contam histórias. Disponível em: <http://chc.cienciahoje.uol.com.br/estrelas-que-contam-historias/>.

Sol – A nossa estrela. Disponível em: <http://www.siteastronomia.com/sol-a-nossa-estrela>.

Sol. Disponível em: <http://www.infoescola.com/sol/>.

Lua. Disponível em: <http://brasilescola.uol.com.br/geografia/lua.htm>.

NASA anunciou a descoberta de 1284 novos planetas. Disponível em: <http://www.siteastronomia.com//?s=planetas>.

(Todos os *sites* foram acessados em: 27 out. 2016.)

Livros:

BRANCO, Samuel Murgel. *Uma aventura ao redor do Sol.* São Paulo: Moderna, 2015.

CATUNDA, Celia; MISTRORIGO, Kiko. *Luna em... Eu quero saber! Astronomia.* São Paulo: Moderna, 2016.

TUFANO, Douglas. *Navegando pela mitologia grega.* São Paulo: Moderna, 2014.

Fim

ARQUIVO DA AUTORA

Rosane Pamplona é professora de Português e escritora. Seus livros já foram indicados para representar o Brasil na Feira Internacional de Bolonha e ganharam selos de recomendação da FNLIJ. Pela Moderna, publicou a coleção *Na panela do mingau*, os livros *Histórias de dar água na boca*, *Contos de outrora para jovens de agora* e uma coleção de almanaques infantis. Escrever almanaques para ela é uma realização:

"Sempre gostei de histórias e de aprender sobre tudo. E onde era possível encontrar histórias e informações? Nos almanaques.

Quando era pequena, esperava com ansiedade que meu pai chegasse com um deles, como o do Biotônico Fontoura. E era toda vez uma surpresa: uma anedota, uma história, uma listinha de qualquer assunto, tudo para mim eram gotas de sabedoria. Cresci, e a vontade de ler almanaques não diminuiu; foi acrescida da vontade de escrever almanaques.

Já escrevi o *Almanaque Pé de planta*, sobre plantas brasileiras, e o *Almanaque Bichos do Brasil*, sobre nossa fauna. Gostei da experiência e resolvi dar um voo mais longo. Bem longo mesmo, pois fui parar no espaço, falando de estrelas e planetas. Espero que para vocês este terceiro almanaque seja uma bela viagem, cheia de diversões e novos conhecimentos".